Made in the USA
Middletown, DE
01 October 2020

20915182R00057